BEI GRIN MACHT SICH IHR WISSEN BEZAHLT

- Wir veröffentlichen Ihre Hausarbeit,
  Bachelor- und Masterarbeit

- Ihr eigenes eBook und Buch -
  weltweit in allen wichtigen Shops

- Verdienen Sie an jedem Verkauf

Jetzt bei www.GRIN.com hochladen und kostenlos publizieren

Bibliografische Information der Deutschen Nationalbibliothek:

Die Deutsche Bibliothek verzeichnet diese Publikation in der Deutschen National-
bibliografie; detaillierte bibliografische Daten sind im Internet über http://dnb.d-
nb.de/ abrufbar.

Impressum:

Copyright © 2017 GRIN Verlag, Open Publishing GmbH
Druck und Bindung: Books on Demand GmbH, Norderstedt Germany
ISBN: 9783668561304

Dieses Buch bei GRIN:

http://www.grin.com/de/e-book/377684/scrum-und-kanban-nutzenbestimmung-
agiler-methoden-innerhalb-von-it-anwendungen

Anonym

Scrum und Kanban. Nutzenbestimmung agiler Methoden innerhalb von IT-Anwendungen

GRIN Verlag

GRIN - Your knowledge has value

Der GRIN Verlag publiziert seit 1998 wissenschaftliche Arbeiten von Studenten, Hochschullehrern und anderen Akademikern als eBook und gedrucktes Buch. Die Verlagswebsite www.grin.com ist die ideale Plattform zur Veröffentlichung von Hausarbeiten, Abschlussarbeiten, wissenschaftlichen Aufsätzen, Dissertationen und Fachbüchern.

Besuchen Sie uns im Internet:

http://www.grin.com/

http://www.facebook.com/grincom

http://www.twitter.com/grin_com

Inhaltsverzeichnis

I Abkürzungsverzeichnis

Aufl.	Auflage
BPM	Business Process Management
bspw.	beispielsweise
bzw.	beziehungsweise
Co.	Compagnie
ERP	Enterprise Resource Planning
EPM	Enterprise Process Management
GP	Geschäftsprozess
IT	Informationstechnologie
KG	Kommanditgesellschaft
KMU	kleine und mittlere Unternehmen
o.J.	ohne Jahr
o.O.	ohne Ort
o. S.	ohne Seite
S.	Seite
u.a.	unter anderem
Vgl.	Vergleich
WIP	Work in Progress
XP	Extreme Programming
z.B.	zum Beispiel

II Abbildungsverzeichnis

III Tabellenverzeichnis

1 Einleitung

Firmenname ist ein familiengeführtes, mittelständisches Unternehmen im Bereich der *Branche*. Das Unternehmen ist eine hundertprozentige Tochtergesellschaft welche noch weitere Unternehmen der *Firmenname* Gruppe hält. Seit über 120 Jahren steht *Firmenname* im Dienste der *Branche*. Im Jahre xxx wurde das Unternehmen in *Ort* gegründet. Heute bietet *Firmenname* seinen Kunden das umfangreichste Produktprogramm in der *Branche* an. Die *Firmenname* Gruppe ist in mehr als 120 Ländern weltweit tätig. Diverse Vertriebs- und Servicetöchter unter anderem in Russland, England, Frankreich, China, Polen, USA und Dänemark vertreiben und warten die von *Firmenname* produzierten Maschinen. Aktuell sind in der *Firmenname* Gruppe mehr als 2000 Mitarbeiter weltweit angestellt, davon ca. 1.350 am Stammsitz in *Ort*. In der IT-Abteilung beschäftigt das Unternehmens derzeit 16 Festangestellte sowie 8 Auszubildende beziehungsweise Werksstudenten.[1]

In modernen Unternehmen kommen computergestützte Systeme zur Unterstützung von Geschäftsprozessen zum Einsatz.[2] Die *Firmenname* setzt computergestützte Prozesse zur weitreichenden Unterstützung der Entwicklungs-, Produktions- und Serviceabläufe ein. Nahezu alle geschäftskritischen Daten werden elektronisch verarbeitet und kein Unternehmensbereich arbeitet ohne eine IT-Unterstützung. Die IT-Abteilung gliedert sich in fünf Subbereiche: EPM (ERP-Administration), IT-Development (Software-Entwicklung), IT-Infrastruktur (operative IT), IT-Support (Enduser-Support, Client-Management) und IT-Enterprise-Information-Management (Dokumentenmanagementsystem, Content-Management).[3] Das IT-Team betreibt lokale Netze und eigene Rechenzentren, in denen sowohl physische als auch virtuelle Server sowie Telekommunikations- und Netzwerkkomponenten zur Bereitstellung der benötigten IT-Infrastruktur zur Unterstützung von Geschäftsprozessen betrieben werden.[4] Produktions- und andere kritische Arbeitsabläufe sind in hohem Maße von der Verfügbarkeit der

---

[1] Vgl. *Firmenname* (2017), o. S.
[2] Vgl. Feyhl (2004), S. 240.
[3] Vgl. Abbildung 1 im Anhang 1.
[4] Vgl. Abbildung 2 im Anhang 2.

IT-Infrastruktur beziehungsweise der darauf betriebenen Anwendungen abhängig.[5]

Die Geschäftsprozesse innerhalb der IT weisen einen besonderen Grad an Verzahnung auf. Idealerweise ist anhand einer Prozesslandkarte zu erkennen, wie sich IT-Services in die Prozessketten integrieren, wie Prozesse miteinander interagieren und welche Rolle (unterstützender Prozess, Kernprozess, strategisch oder operativ) diese innerhalb der Wertschöpfungskette des Unternehmens einnehmen. Wichtig ist dabei das Bewusstsein, dass die IT nicht nur einen Kosten- sondern auch einen Wertschöpfungsfaktor darstellt. Wenn ein Unternehmen eine entsprechend leistungsfähige IT betreibt, die die Prozesse unterstützt und in den verschiedenen Fachbereichen Prozesskosten durch IT-Unterstützung gesenkt werden, kann das ein entscheidender Wettbewerbsfaktor sein.[6] Eine solche Aufstellung wurde aus betriebsinternen Gründen von der *Firmenname* für diese Hausarbeit nicht freigegeben.

In der IT-Abteilung gibt es eine Vielzahl an IT-Prozessen, wie zum Beispiel die strategische IT-Planung, der Betrieb von Rechenzentren, die Eigenentwicklung von nicht standardisierter Software oder die Bereitstellung von Softwarekomponenten für die internen Kunden. Diese Bereitstellung von Softwareapplikationen stellt ein wesentliches IT-Anwendungsfeld bei den Firmennamen da. Der IT-Teilgeschäftsprozess, die Softwareverteilung, findet im und für das gesamte Unternehmen statt. Eine Softwareverteilung, bei *Firmenname* organisatorisch dem Support-Team zugeordnet, bietet dem Unternehmen eine Vielzahl an Vorteilen, wie zum Beispiel die Zeitersparnis bei der automatisierten Installation von Softwareapplikationen, die einheitlichen Konfigurationseinstellungen von Systemen oder das Schließen von Sicherheitslücken durch Updates. Die Verteilung von Software erfolgt hierdurch unternehmensweit einheitlich, effizient und möglichst einfach.

Ein Teilprozess der ganzheitlichen Softwareverteilung ist das Programmieren von Softwareinstallationspaketen, die später auf den Endgeräten automatisiert installiert werden sollen. Bei der Softwarepaketierung kommt es zum jetzigen

---

[5] Vgl. Ingendahl/Tigelaar (2000), S. 4.
[6] Vgl. Springer Professional (2013), o. S.

Zeitpunkt zu folgenden Problemen. Bei angeforderten Applikationen oder Software, die Sicherheitslücken schließen sollen, dauert der Erstellungs- und Prüfprozess zwischen den Tätigkeiten des Tagesgeschäfts zu lange. Aktuell beklagen sich die internen Kunden der IT über einen zu langen Bereitstellungszeitraum bis eine neue Software zur Installation freigegeben werden kann. In den kommenden zwei Kapiteln werden die Begriffe „Nutzenbestimmung" und „agile Methoden" erläutert. Eine detaillierte Beschreibung des IT-Teilgeschäftsprozesses der Softwareverteilung folgt in Abschnitt 4 dieser Hausarbeit. Abgestimmt auf den IT-Teilgeschäftsprozess folgt eine Darstellung der IT relevanten agilen Methoden. In Kapitel 6 wird abschließend im Fazit ein Ausblick auf mögliche Schritte nach der Hausarbeit gegeben.

2 Begriffserklärung Nutzenbestimmung

Der Begriff „Nutzen" stammt ursprünglich aus der Mikroökonomie und stellt einen allgemeinen betriebswirtschaftlichen Begriff dar, welcher das Ausmaß der Bedürfnisbefriedigung des homo oeconomicus beschreibt.[7] Der Konsument kann jedoch lediglich angeben, ob er ein spezifisches Güterbündel einem anderen vorziehen würde oder nicht. Er kann jedoch nur schwer angeben, um wie viele Einheiten sein Nutzen höher ist, wenn er sein präferiertes Güterbündel wählt. Somit lässt sich feststellen, dass sich das Bedürfnisbefriedigungsvermögen nicht kardinal messen lässt, wohl aber mit einer ordinalen Nutzenfunktion ermittelt werden kann.[8]

Bezogen auf den IT-Bereich lässt sich ableiten, dass dieser in dem Ausmaß nützlich ist, in dem er die wirtschaftlich gerechtfertigten Bedürfnisse der Anspruchsgruppen befriedigt. Der Autor Heuermann sieht den Nutzen im Wirtschaftsbereich hierbei als messbaren Begriff an. Dies kann zum Beispiel in monetärer Form ausgedrückt werden, in dem der Kunde „echtes Geld" in Höhe des wahrgenommenen Nutzens bezahlt oder dies innerbetrieblich verrechnet wird (quantitative Bewertung). Ergänzend hierzu kann der Nutzen jedoch auch qualitativ bewertet werden. Indikatoren könnten an dieser Stelle z.B. das

---

[7] Vgl. Heuermann (2014), S. 173.
[8] Vgl. Endres/Martiensen (2007), S. 67.

Ausmaß der Zufriedenheit der IT-Nutzer oder aber auch die bessere Steuerbarkeit eines Prozesses sein.[9]

Die Messung des Nutzens eines Gutes bzw. einer Investition erfolgt in der Betriebswirtschaftslehre hauptsächlich im Rahmen von Wirtschaftlichkeitsanalysen.[10] Die Betrachtung des Nutzens kann hierbei sowohl quantitativ als auch qualitativ erfolgen. „Der Begriff „Nutzen" besagt noch nicht, dass die den Nutzen erzeugende Leistung auch wirtschaftlich erstellt wurde. „Wirtschaftlich" ist die Leistungserstellung erst, wenn der Nutzen höher ist als die Kosten."[11]

Bezogen auf die Praxisreferenz der *Firmenname* ist der Nutzen agiler Methoden für den IT-Teilgeschäftsprozess der Softwareverteilung vor allem qualitativ zu bestimmen. Die *Firmenname* könnte an dieser Stelle einen Status Quo-Vergleich durchführen. Hierbei wird die Einführung und Wirkung der ausgewählten agilen Methode (=Investitionsalternative) mit dem gegenwärtig im Unternehmen vorherrschenden Zustand verglichen. Diese Vergleichsform stellt in der Regel die Basis für Wirtschaftlichkeitsrechnungen in der Unternehmenspraxis dar.[12]

Eine quantitative Einschätzung bezogen auf die Wirtschaftlichkeit der IT-Teilgeschäftsprozessänderung mit agiler Methodik ist monetär schwer abbildbar, da der Softwareverteilungsprozess lediglich einen Komplementärprozess für viele weitere, wertschöpfende Prozesse darstellt. Eine quantitative Bewertung des Nutzens der agilen Methodik kann jedoch auf Einzelprozessebene, z.B. an den Bereitstellungszyklen der Softwarepakete, vorgenommen werden.

---

[9] Vgl. Heuermann (2014), S. 173.
[10] Vgl. Mauterer (2002), S. 59.
[11] Heuermann (2014), S. 173.
[12] Vgl. Schulze (2009), S. 108.

3 Begriffserklärung agile Methoden

Gemäß gängiger Literatur können agile Methoden in Hinblick auf die Entwicklung von Produkten als eine Gruppe von Prinzipien, Techniken und Ansätzen bezeichnet werden, die mit definierten, kurzen und leichten Vorgehensweisen eine hohe Flexibilität versprechen.[13] Aufbauend auf den agilen Werten und Prinzipien geben sie den agilen Techniken eine Gesamtstruktur. Man bezeichnet diese Methoden auch als leichtgewichtig.[14]

Im Kern bestehen agile Methoden aus iterativ-inkrementellen Prozessen mit häufigem Feedback, sodass Fehlentwicklungen schnell erkannt werden und Möglichkeiten der Verbesserung zeitnah stattfinden können. Die damit einhergehenden Änderungen werden hier nicht als Risiko, sondern als Chance gesehen und sind somit willkommen. Der Fokus richtet sich auf das Erreichen von Zielen sowie das Lösen von Problemen während der Entwicklung eines definierten Produktes.[15] Es steht in diesem Prozess der Entwicklung der Umgang mit Veränderungen und dessen geeignete Reaktionen darauf im Vordergrund.

Alle agilen Methoden basieren dabei auf den vier Werten und zwölf Prinzipien des agilen Manifestes, welches in den 90er Jahren aus mehreren unterschiedlichen agilen Methoden, von verschiedenen Experten und deren Erfahrungen abgeleitet worden ist.[16] In Abbildung 3 sind die vier Werte nach dem agilen Manifest dargestellt, die das Fundament der agilen Methoden bilden.[17] Auf eine Darstellung der zwölf Prinzipien wird aufgrund des Umfangs dieser Arbeit verzichtet.

---

[13] Vgl. Urban/Carjell (2016), S. 357; Preußig (2015), S. 10 sowie Ebel (2011), S. 531.
[14] Vgl. Gluchowski (2013), S. 115.
[15] Vgl. Kammerer/Lan/Amberg (2012), S. 168.
[16] Vgl. Dräther/Koschek/Sahling (2013), S. 183.
[17] Vgl. Cunningham (2001) o. S.

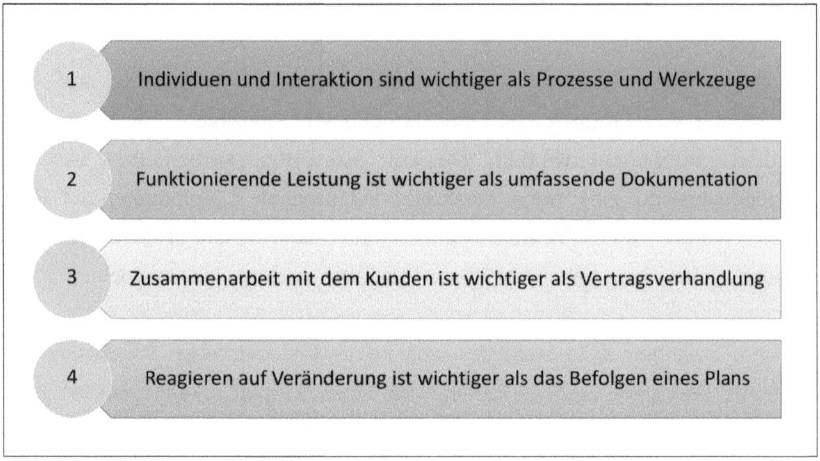

1	Individuen und Interaktion sind wichtiger als Prozesse und Werkzeuge
2	Funktionierende Leistung ist wichtiger als umfassende Dokumentation
3	Zusammenarbeit mit dem Kunden ist wichtiger als Vertragsverhandlung
4	Reagieren auf Veränderung ist wichtiger als das Befolgen eines Plans

Abbildung 3: Vier Werte nach dem agilen Manifest[18]

Bekannte Vertreter agiler Methoden sind beispielsweise Scrum, Extreme Programming (XP), Kanban, Feature-Driven Development und Crystal.[19] Agile Methoden finden sich, ergänzend zur IT- und Softwarebranche, auch in Non-IT-Aufgabenfeldern wieder. Allgemein stellen Anwender agilen Methoden eine überaus positive Reputation aus.[20]

4 Sachverhaltsdarstellung des IT-Teilgeschäftsprozesses der Softwareverteilung

Mit dem automatisierten Client Management System lassen sich alle Endgeräte und Serversysteme administrieren und benötigte Softwareapplikationen bei Bedarf bereitstellen.[21] Die Wichtigkeit und der Nutzen des IT-Teilgeschäftsprozesses lässt sich anhand eines Beispiels exemplarisch erläutern. In einem gut organisierten Unternehmen ergibt sich durch eine eingesetzte Softwareverteilung ein großer Mehrwert hinsichtlich der Schnelligkeit der Bereitstellung, wie unter anderem die Installation relevanter Sicherheitsupdates. Das Einspielen solcher Updates ist in den meisten Fällen

---

[18] Eigene Darstellung in Anlehnung an Cunningham (2001).
[19] Vgl. Ringbauer (2017), S. 26.
[20] Vgl. Komus (2013) S. 90.
[21] Vgl. Client Management (2017) o. S.

zeitkritisch und funktioniert automatisiert um ein vielfaches schneller als eine manuelle Installation auf allen einzelnen Endgeräten. Derzeitig werden über 1.800 Clients und über 450 Server mit der Softwareverwaltung administriert. Des Weiteren ist zu nennen, dass die Verteilung protokolier- und prüfbar im System nachgehalten wird.

Zurzeit sind zwei Kollegen aus dem IT-Support Team für die Betreuung des Client Management Systems verantwortlich. Hierbei liegen ihre Tagesschwerpunkte in der Betrachtung der Softwarelizensierung, der Administration des Clientmanagements sowie der Kontrolle des Patch-Managements. Unterstützt werden sie von zwei weiteren IT-Kollegen, jeweils einer aus dem IT-Support und einer aus dem Infrastrukturteam, die sich in ihrer Zweitfunktion um das Paketieren von Software-Applikationen kümmern. Bei der Softwarepaketierung geht es um die Erstellung von sogenannten Software-Paketen, die zur Installation von Programmen und deren Konfiguration benötigt werden.

Aktuell gibt es ein Problem mit dem Bereitstellungszeitraum von angeforderten Softwareapplikationen, was man an noch offenen zu paketierenden Softwareanforderungen erkennen kann. Die beiden Paketierer kommen mit der Fertigstellung der angeforderten Softwarepakete nicht nach. Es werden ihnen zu viele Paketierungsaufgaben übertragen. Eine definierte Prozessbeschreibung, wie sie in solchen Problemsituationen vorzugehen haben, besteht bei *Firmenname* zu diesem Zeitpunkt nicht. Eine detaillierte Planung inklusive Risikoabschätzung und Bewertung der geplanten Maßnahmen findet nicht statt. Die Kollegen fällen Entscheidungen bezüglich Lösungen anhand ihrer eigenen Erfahrungen durch mehrjährige Tätigkeit bei *Firmenname* meist selbstständig. Wir sprechen hier von sogenannten Updates, die in ihrer Versionierung angepasst werden müssen und über Neueinführungen einer Software. Zum jetzigen Zeitpunkt existiert in der IT-Abteilung der *Firmenname* kein durchgehendes Prozessgefüge zum Management von IT-Prozessen wie in anderen Bereichen des Unternehmens. Innerhalb der operativen IT existieren sehr wenige Test- und Prüfprozesse. Lediglich bei der Entwicklung von Software-Installationspaketen für die automatische Softwareverteilung finden Tests und Prüfungen mittels eines Vier-Augen-Prinzips, wenn auch historisch gewachsen und ohne eine klare Ablaufstruktur, statt. Eine Freigabe der erstellten Softwarepakete erfolgt nach Bestehen gewisser Prüfkriterien.[22]

5 Darstellung IT relevanter agiler Methoden für den Teilgeschäftsprozess der Softwareverteilung

5.1 Auswahl geeigneter agiler Methoden

Seit dem Jahr 2008 hat die Anwendung von agilen Methoden einen starken Aufschwung genommen. Hierbei zeichnete sich ab, dass die agilen Methoden Scrum und Kanban besonders beliebt sind.[23] Der Autor Komus beschreibt eine Studie, welche im zweiten Quartal 2012 am BPM-Labor der Hochschule Koblenz in Zusammenarbeit mit der Deutschen Gesellschaft für Projektmanagement durchgeführt worden ist. Im Rahmen dieser Studie wurden 266 Datensätze von Scrum-Verantwortlichen deutscher Konzerne ausgewertet. Die Befragten (n=183) gaben unter anderen an, welche Bedeutung die verschiedenen agilen Methoden für ihr Unternehmen haben (Abbildung 5). Es zeigt sich, dass die drei Methoden Scrum, Extreme Programming und Kanban, mit teils deutlichem Abstand gegenüber anderen Methoden, bei der zentralen Bedeutung an der Spitze liegen und somit für eine detailliertere Betrachtung für den Anwendungsfall der *Firmenname* untersucht werden sollen.

---

[22] Vgl. Abbildung 4 im Anhang 3.
[23] Vgl. Komus (2013), S. 84.

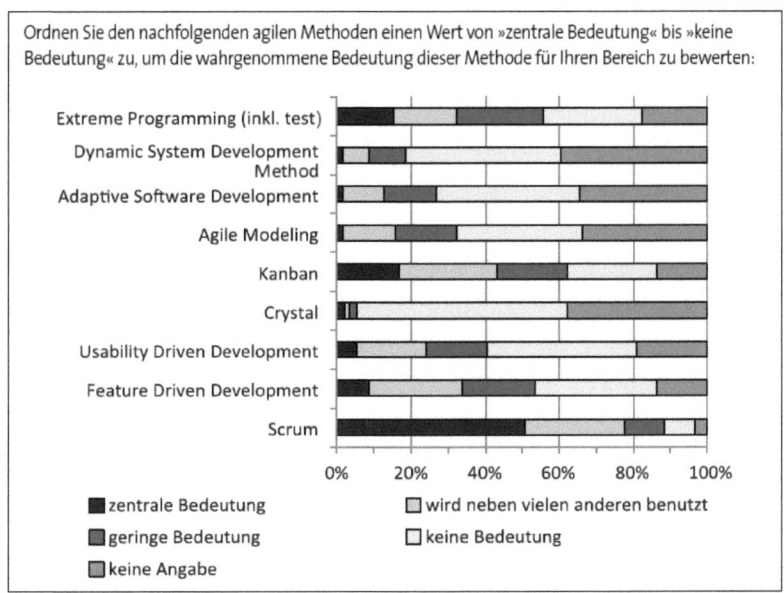

Ordnen Sie den nachfolgenden agilen Methoden einen Wert von »zentrale Bedeutung« bis »keine Bedeutung« zu, um die wahrgenommene Bedeutung dieser Methode für Ihren Bereich zu bewerten:

Abbildung 5: Bedeutung einzelner agiler Methoden (n = 183)[24]

Die Sachverhaltsdarstellung des IT-Teilgeschäftsprozesses der Softwareverteilung der *Firmenname* zeigt, dass aktuell sehr wenige Prozesse im IT-Betrieb definiert sind. Dies spricht dafür, eine Methodik zu verwenden, die ein Framework zur Arbeits- und Prozessorganisation inkludiert. Zurzeit wird in der *Firmenname* noch kein agiles Vorgehen angewandt. Aus diesem Grund scheint es wichtig eine Methodik zu wählen, die verbreitet ist und vielfältig angewandt wird. Mit Hilfe entsprechender Literatur als auch einer Community, die zum Erfahrungsaustausch bereitsteht, kann gleichzeitig die Akzeptanz für die Anwendung von agilen Methoden im Mitarbeiterbereich erhöht werden. Die anfänglichen Hürden im Einsatz der agilen Methodiken sind, begrenzt auf einzelne Teilprozesse wie dem Softwareverteilungsprozess im IT-Bereich, auf Grund der geringen Mitarbeiterzahl in der *Firmenname* recht begrenzt. Eine reibungslose Organisation der Schnittstellen zwischen agilen und traditionellen Vorgehensweisen sollte hierbei dennoch im Fokus stehen und umgesetzt werden.

---

[24] Komus (2013), S. 86.

Die Methodik „Extreme Programming" bietet ein Prozessrahmenwerk, hat jedoch einen starken Zusammenhang zur direkten Softwareprogrammierung und setzt auf intensive Kundeninteraktion, sodass diese Methodik vom Ansatz her im Hinblick auf den aktuell selbstorganisierten Prozess der Softwareverteilung der *Firmenname* nicht als geeignet erscheint.[25]

Die Scrum-Methodik stellt ein umfangreiches Framework dar, welches viele bisher nicht definierte Prozesse im IT-Bereich der *Firmenname* definieren könnte. Scrum unterscheidet hierbei zwischen drei spezifischen Rollen. Diese sind der Product Owner, das Team sowie der Scrum Master, welche in so genannten Sprints (Iterationen) verschiedene Produktinkremente erstellen.[26] Die Scrum-Methodik könnte somit ebenfalls eine geeignete agile Methode für die Praxisreferenz des Softwareverteilungsprozesses der *Firmenname* sein. Daraus schlussfolgernd wird diese Methodik nachfolgend detaillierter betrachtet und der Nutzen für das Unternehmen abgeschätzt.

Das Kanban-Prinzip zielt darauf ab Workflows zu optimieren und Engpässe im einen Arbeitsablauf aufzudecken, in dem die Mitarbeiter die Aufgabenpakete selbstständig „ziehen" (Pull-Prinzip) und bearbeiten.[27] Diese Methode wird aufgrund ihrer einfachen Implementierung und Umsetzung ebenfalls näher betrachtet und der Nutzen für die *Firmenname* abgeschätzt.

5.2 Merkmale der Scrum-Methodik

Der offizielle frei verfügbare Scrum Leitfaden von Ken Schwaber und Jeff Sutherland beschreibt diese Methodik in der Theorie als einen auf menschliche Empirie basierenden Prozess, Ergebnisse zu optimieren und Risiken zu kontrollieren.[28]

---

[25] Vgl. Engstler (2009), S. 153.
[26] Vgl. Pichler (2008), S. 1.
[27] Vgl. Anderson (2011), S. 16.
[28] Vgl. Schwaber/Sutherland (2013), S. 3.

Konkret besteht das Scrum Rahmenwerk (Framework) nach Rubin aus Werten, Prinzipien und Praktiken, die in der Tabelle 1 abgebildet sind.[29] Anzumerken ist, dass es in der Scrum-Literatur keine klare Einigung darüber gibt, welche agilen Prinzipien das Scrum-Framework ausmachen.[30]

Werte	Prinzipien	Praktiken
Ehrlichkeit	Veränderlichkeit und Unsicherheit	Rollen
Offenheit	Vorhersage und Anpassung	Aktivitäten
Mut	Validiertes Wissen	Artefakte
Respekt	Work in Process	
Fokus	Fortschritt	
Vertrauen	Leistung	
Stärkung		
Zusammenhalt		

Tabelle 1: Scrum Werte, Prinzipien, Praktiken[31]

Aus den Werten und Prinzipien sind die Scrum Praktiken abgeleitet. Diese lassen sich, wie in der Tabelle 2 dargestellt, weiter aufteilen.

Rollen	Aktivitäten	Artefakte
Product Owner	Sprint	Product Backlog
Scrum Master	Sprint-Planung	Sprint Backlog
Entwicklungsteam	Daily Scrum	Produktinkrement
	Sprint-Ausführung	
	Sprint Review	
	Sprint Retrospektive	
	Product-Backlog-Pflege	

Tabelle 2: Scrum Rollen, Aktivitäten, Artefakte[32]

Diese Rollen, Aktivitäten und Artefakte wurden innerhalb des Scrum Rahmenwerkes in einen Prozess gebracht, der von Jeff Sutherland und seinem Team bei der Easel Corporation 1993 entwickelt wurde. Nachfolgend wird der Scrum Prozess beschrieben.

---

[29] Vgl. Rubin (2014), S. 45.
[30] Vgl. Drähter/Koschek/Sahling (2013), S. 40.
[31] Eigene Darstellung in Anlehnung an Rubin (2014), S. 45.
[32] Eigene Darstellung in Anlehnung an Rubin (2014), S. 48.

Der Prozess beginnt mit der Vision eines Produktes von einem Product Owner. Diese Vision wird in einzelne Aktivitäten bzw. Anforderungen geteilt und priorisiert, hierbei entsteht das „Product Backlog". Danach startet ein definierter Arbeitszyklus (Sprint), der in einem Zeitraum von maximal einem Monat aufgeteilt werden soll und innerhalb dessen ein fertiges, nutzbares und potenziell auslieferbares Produkt-Inkrement herstellt. Innerhalb der Phase „Sprint Planung" gestaltet dabei das komplette Scrum Team die kommenden Arbeiten. Daraus resultiert das „Sprint Backlog", eine Liste die das Team gemeinsam beschließt, die eine Teilmenge aus dem „Product Backlog" enthält und sich damit auf eine Prognose einigt, welche Funktionalitäten im nächsten Inkrement enthalten sein sollen. Es folgt die Sprint Ausführung, in der das Entwicklungsteam die Aufgaben abarbeitet die nötig sind, um die ausgewählten Funktionalitäten (Anforderungen) umzusetzen. Während dieser Umsetzung wird täglich ein sogenanntes „Daily Scrum" mit einer Dauer von 15 Minuten im Entwicklungsteam durchgeführt, welches der Verwaltung des Workflows, der Synchronisierung, der Inspektion und der Vorplanung dient. Am Ende des Sprints ist ein potenziell auslieferungsfähiges Produktinkrement hergestellt. Dieser Abschluss wird in der Scrum Methodik als „DONE" bezeichnet. Die Definition des Abschlusses wird vom gesamten Scrum Team im Vorfeld erarbeitet. Abgeschlossen wird der Sprint durch einen Sprint Review und eine Sprint Retrospektive. Im Review wird das Produktinkrement durch die Stakeholder und das gesamte Scrum Team untersucht und eventuelle Anpassungen im Product Backlog vorgenommen. In der Sprint-Retrospektive prüft das Team gemeinsam den vorliegenden Scrum Prozess und passt diesen auf herrschende Gegebenheiten im Projekt bzw. der Projektumgebung an. Danach wiederholt sich der Scrum Sprint Kreislauf von neuem mit den vorgenommenen Änderungen am Produkt und der Pflege (Groming) des Product Backlogs.[33]

Aus dem Rahmenwerk von Scrum können sich die folgenden, wesentlichen Merkmale ableiten lassen. Scrum besteht aus zahlreichen einheitlich definierten kurzen Arbeitszyklen, den sogenannten Sprints, in denen man versucht vorher

---

[33] Vgl. Schwaber/Sutherland (2013), S. 8-13 sowie Rubin (2014), S. 50.

besprochene Anforderungen (Zielsetzungen) umzusetzen. Innerhalb von Scrum können sich die Anforderungen laufend verändern.[34] Der Mensch wird dabei in den Mittelpunkt gestellt und deren Kreativität im Prozess genutzt. Das Team handelt hierbei eigenverantwortlich.[35] Nach jedem Arbeitszyklus werden Ergebnisse, Zusammenarbeit und Prozesseinhaltung überprüft. Die Erkenntnisse aus dieser Retrospektive fließen sofort in den nächsten Arbeitszyklus (Sprint) ein. Der Scrum Prozess gibt nur eine geringe Anzahl an verbindlichen Regeln konsequent vor, die jedem Anwender im Einsatz von Scrum frei zugänglich zur Verfügung stehen.[36]

5.2.1 Mögliche Nutzenbestimmung der Scrum-Methodik für den IT-Teilgeschäftsprozess der Softwareverteilung

Durch das Fehlen von definierten Prozessbeschreibungen und Abläufen kann Scrum mit dem zugrundeliegenden Rahmenwerk eine Methodik durch Sprints und den damit verbundenen Arbeitszyklen vorgeben. Dabei können die definierten Anforderungen für den jeweiligen Sprint eine festgelegte Menge der zu erstellenden Softwarepakete und Updates enthalten. Dies kann eine gesteigerte Planungssicherheit für die betroffenen Abteilungen und deren Prozesse erzeugen. Diese Planungssicherheit kann sich dabei positiv auf den jeweiligen Wertschöpfungsprozess betroffener Abteilungen auswirken.

In der Darstellung aus Punkt vier wurde deutlich, dass die Paketierung der Softwareapplikationen von zwei IT Mitarbeitern durchgeführt wird. Dieser Aufbau entspricht nicht dem in der Scrum Methode definierten Merkmal des eigenverantwortlichen Teams. Im Scrum Guide wird eine Teamgröße des Entwicklungsteams kleiner als drei Personen nicht empfohlen, da ein vielseitiger Erfahrungsaustausch sowie das Vorhandensein von ausreichend unterschiedlicher Fähigkeiten in dieser geringen Personenzahl in der Regel nicht zu gewährleisten ist.[37] Darüber hinaus kann durch die geringe Anzahl der Teammitglieder die Produktivität und damit die Anzahl der zu erstellenden Softwarepakte negativ beeinflusst werden. Die hierdurch zunehmende

---

[34] Vgl. Zugelder (2016), S. 95.
[35] Vgl. Köstler (2014), S. 59.
[36] Vgl. Zugelder (2016), S. 95.
[37] Vgl. Schwaber/Sutherland (2013), S. 6.

Verlangsamung der Softwarebereitstellung kann für die interne IT eine negative Reputation im Unternehmen erzeugen. Außerdem ist fraglich, ob mit der bestehenden Teamgröße alle Rollen aus der Scrum Methodik erfolgreich besetzt werden können.

Ein weiteres Merkmal, das bezugnehmend auf die Menge der zu erstellenden Softwarepakte Einfluss haben könnte, sind die im Scrum Prozess enthaltenden Retrospektiven. Hierbei kann nach jedem Sprint die Menge der Softwarepakte neu bestimmt bzw. flexibel auf die Einflüsse im Entwicklungsteam und den Bedürfnissen einzelner Abteilungen angepasst werden. Resultierend daraus kann jeweils eine Steigerung oder eine Verringerung der zu paketierenden Software sowie Optimierungsmaßnahmen in der Durchführung beschlossen werden. Dies hat zur Folge, dass stetig eine aktualisierte Planung der zu erstellenden Softwarepakete vorliegt. Die Ressourceneinsätze in den betroffenen Abteilungen, könnten hierdurch optimiert werden. Neben der Transparenz wird ebenfalls ein abteilungsübergreifender Dialog gefördert.

5.3 Merkmale der Kanban-Methodik

Die Kanban-Methodik stammt ursprünglich aus dem Bereich der Automobilfertigung.[38] Als Erfinder des Kanban-Konzeptes gilt der ehemalige Betriebsingenieur und Vizepräsident der Toyota Motor Company, Taiichi Ohno.[39] Das Umfeld der industriellen Fertigung verfolgt das ökonomische Prinzip, das Verhältnis zwischen eingesetzter Menge zur ausgebrachten Menge zu optimieren.[40] „Handle so, dass die angestrebten Leistungen mit einem Minimum an Mitteln erreicht werden (Minimumprinzip) bzw. dass die Leistungen bei gegebenem Mitteleinsatz möglichst groß werden (Maximumprinzip)."[41] Das Ziel, an das auch die Kanban-Methodik anknüpft, ist also die Optimierung der Workflows und somit die Erreichung der größtmöglichen Produktivität.

Der Begriff „Kanban" ist japanisch und bedeutet übersetzt „Signalkarte". Diese Signalkarte ist zentraler Bestandteil der Kanban-Methodik, da über diese die

---

[38] Vgl. von Brauk (2013), S. 11.
[39] Vgl. Klevers (2009), S. 32.
[40] Vgl. Leopold/Kaltenecker (2013), S. 8.
[41] Zäpfel (2001), S. 37.

Informationsübertragung zwischen den einzelnen „Fertigungsstellen" gewährleistet wird. Die Idee dahinter ist, nur das zu produzieren, was verbraucht wird.[42] Dieses Prinzip lässt sich auch von den Produktionsabläufen der industriellen Fertigung auf die Wertschöpfungsketten im Software- und IT Umfeld übertragen. Nach der Definition des Autors Epping[43] zeichnet sich Kanban vor allem durch die nachfolgend beschriebenen vier Merkmale aus.

Ein Hauptmerkmal ist die Visualisierung der Wertschöpfungskette. Durch die bei Kanban vorausgesetzte selbstverantwortliche Aufgabenbearbeitung ist es unerlässlich, Transparenz entlang der Wertschöpfungskette zu schaffen. Diese Visualisierung wird bei Softwareprojekten in der Regel in Form eines Kanban-Boards geschaffen. Dieses Kanban-Board sollte nach den unternehmensspezifischen Prozessen angelegt werden, um die reale Aufgabenlage der Projektteilnehmer darzustellen.[44] Die Spalten des Kanban-Boards stellen hierbei die einzelnen Prozessschritte dar und die Anforderungen werden durch Tickets visualisiert, die den jeweiligen aktuellen Prozessschritten zugeordnet sind.[45]

Ein weiteres maßgebliches Merkmal ist die Work in Progress (WIP) – Begrenzung. Die Kanban-Methodik sieht dabei die Limitierung der maximal möglichen WIP vor. Das Projektteam kann jedoch selbst entscheiden, wie viele parallele Arbeitspakete je Phase oder auch je Teammitglied bearbeitet werden dürfen. Zusätzlich zur Durchsatzoptimierung soll mit Hilfe dieses Ansatzes auch eine Überlastung von einzelnen Personen vermieden werden[46]. Durch die Reduzierung der WIP soll im Rahmen der Kanban-Methodik die Durchlaufzeit einzelner Arbeitspakete bei gleichem Durchsatz verkürzt werden.[47]

Ergänzend dazu haben die selbstverantwortlich arbeitenden Teams die Freiheit, sich selbst die zu erledigenden Aufgaben aus der Input-Queue zu ziehen nach dem Merkmal des Pull-Prinzips. Wichtig ist es jedoch, dass die Teams stets

---

[42] Vgl. Garcia Sanz/Semmler/Walther (2007), S. 308.
[43] Vgl. Epping (2011), S. 53-54.
[44] Vgl. Anderson (2011), S. 71.
[45] Vgl. Anderson (2011), S. 72.
[46] Vgl. Epping (2011), S. 57.
[47] Vgl. Epping (2011), S. 58.

beachten müssen, dass sie je Phase / Teammitglied nicht mehr Aufgaben ziehen, als individuell vorgegeben.[48] Somit wird auch der Kerngedanke des WIP-Limits aus der Produktion in die Softwareentwicklung übertragen.

Das Merkmal der Kaizen-Kultur ist ebenfalls ein wichtiger Bestandteil der Kanban-Methodik. „Der Begriff Kaizen kommt aus dem Japanischen und bedeutet wortwörtlich „Veränderung zum Besseren". Weit über ein rein technisches Change-Management hinaus bezeichnet Kaizen eine Lebens- und Arbeitsphilosophie, in deren Zentrum das Streben nach ständiger Verbesserung steht. Dafür ist die konsequente Ausrichtung aller Unternehmensabläufe auf den Kundennutzen ebenso ausschlaggebend wie die Kultivierung der richtigen Grundhaltungen."[49] Die Kaizen-Kultur stellt somit eine kollegiale und vertrauensvolle Kultur dar, in der flache Hierarchien herrschen und Mitarbeiter Aufgaben auch freiwillig übernehmen, anstatt diese von einem Vorgesetzten zugewiesen zu bekommen.[50] Kaizen stellt somit nicht nur eine Methodik dar, sondern ist als eine allgemeine Unternehmenskultur zu verstehen, die gelebt werden muss.[51]

5.3.1 Mögliche Nutzenbestimmung der Kanban-Methodik für den IT-Teilgeschäftsprozess der Softwareverteilung

Die Einführung der Kanban-Methodik könnte sowohl für den Komplementärprozess der IT Softwareverteilung in der *Firmenname* von Vorteil sein, als auch durch deren Effekte für die Wertschöpfungskette des Gesamtunternehmens.

In der Sachverhaltsdarstellung des IT-Teilgeschäftsprozesses der Softwareverteilung wurde als ein maßgebliches Problem identifiziert, dass das Team der Softwarepaketierung zu viele Paketierungsaufträge gleichzeitig zu bearbeiten hat und unter anderem deshalb Softwarepakete zu langsam bereitgestellt werden. In der Literatur geht man davon aus, dass durch die

---

[48] Vgl. Epping (2011), S. 55-56.
[49] Leopold/Kaltenecker (2013), S. 142.
[50] Vgl. Anderson (2011), S. 58.
[51] Vgl. Broscheit (2007), S. 12.

Anzahl der aktiven Arbeiten auch die jeweilige Durchlaufzeit ansteigt.[52] Als Hauptursache für die längeren Durchlaufzeiten wird das Task-Switching angesehen, bei dem man ständig zwischen verschieden Aufgaben wechselt und somit keine konzentrierte Abarbeitung und Fertigstellung eines spezifischen Arbeitspaketes möglich ist.[53] Für diese Problemstellung könnte das Kanban-Vorgehen der Limitierung der Work in Progress einen Mehrwert schaffen. Das Paketierungsteam wäre durch die Anwendung der Kanban-Methodik angehalten, die Arbeitsaufgaben strukturiert und selbstständig innerhalb des Teams zu organisieren. Durch die Anwendung der Work in Progress-Begrenzung ist es dann möglich, die Output-Menge insgesamt zu steigern und dadurch die Softwarepakete schneller zur Verfügung zu stellen[54]. Die schnellere Bereitstellung der Softwarepakete kann somit positive Effekte auf den Wertschöpfungsprozess des Unternehmens haben, in dem die von den Fachabteilungen benötigte, neue Software schneller eingesetzt werden kann. Des Weiteren werden auf diesem Weg auch notwendige Sicherheitsupdates zur Verfügung gestellt, welche schneller implementiert werden können und somit das Risiko von wirtschaftlichen Schäden und Reputationsschäden durch IT Sicherheitsvorfälle verringern können.

Ein weiterer Nutzen könnte in der Visualisierung der aktuellen Work in Progress liegen. Durch die Darstellung auf einem Kanban-Board ist es möglich, den aktuellen Status von jedem Aufgabenpaket auf einem Blick zu erfassen und auf diesem Medium die Durchführung zu planen. Das Kanban-Board visualisiert dabei transparent den Workflow in einem Team nach einer vorgegebenen Struktur mit Hilfe von Post-its. Somit ist für jedes Teammitglied zu jeder Zeit erkennbar, welche Arbeit gerade erledigt wird, welche Arbeit noch ausstehend ist und daraus schlussfolgernd, wie effizient in der Gruppe gearbeitet wird.[55] Durch diese Sichtbarkeit kann ein Mehrwert im IT-Teilgeschäftsprozess der Softwareverteilung entstehen, da die Bereitstellung von Softwarepaketen effizienter erfolgen kann und diese vor allem besser planbar sind. Die Planbarkeit der Bereitstellung der Softwarepakete ist aktuell nach der

---

[52] Vgl. Leopold/Kaltenecker (2013), S. 18.
[53] Vgl. Leopold/Kaltenecker (2013), S. 38.
[54] Vgl. Epping (2001), S. 58.
[55] Vgl. Hofert (2016), S. 105.

Sachverhaltsdarstellung des IT-Softwareverteilungsprozesses bei der *Firmenname* nicht gegeben. Die Optimierung in der Planbarkeit und der damit verbundene Strukturgewinn bei der Softwareverteilung kann sich positiv auf die wertschöpfenden Prozesse des Unternehmens auswirken. Nach Einführung der Kanban-Methodik haben die Applikationsverantwortlichen in den einzelnen Fachbereichen des Unternehmens die Möglichkeit der Einsichtnahme zum aktuellen Bearbeitungsstand der Softwarepakete. Dadurch werden sie in die Lage versetzt, ihre Ressourcen sinnvoller einzusetzen ohne unbestimmt auf die Bereitstellung von neuer Software zu warten. Der Gesamtnutzen im Unternehmen ist somit ein möglicher Zugewinn an Struktur und Planbarkeit in dem IT-Teilgeschäftsprozess, welcher ebenfalls positive Effekte auf die weiteren Wertschöpfungsketten ausüben kann.

Im Rahmen der Sachverhaltsdarstellung des aktuellen Status-Quo des IT-Teilgeschäftsprozesses der Softwareverteilung der *Firmenname* wurde weiterhin deutlich, dass derzeit wenig Prozesse definiert sind und somit keine detaillierten, abgestimmten Vorgehensweisen bei möglichen Problemen bestehen. Bei der Implementierung der Kanban-Methodik für diesen Prozess könnte der Mehrwert entstehen, dass durch den Ansatz der kontinuierlichen Verbesserung iterativ innerhalb des Teams Prozesse definiert und diese stetig weiterentwickelt werden. Die Empirie bestätigt, dass agile Methoden bereits eine gute Grundlage für Prozessdefinitionen liefern, jedoch diese Prozessdefinitionen auch beschränkend wirken können.[56] Die vollständige Einführung einer Kaizen-Kultur scheint für das Unternehmen der *Firmenname* derzeit unwahrscheinlich, jedoch sind die Grundansätze des Strebens nach Verbesserung potenziell vorteilhaft für das Unternehmen. Die positiven Auswirkungen sind somit der iterative Aufbau eines Prozesswerkes zur eigenen Arbeitsorganisation, welcher auch einen Mehrwert für die internen Kunden (bspw. Fachabteilungen) bietet. Der Nutzen für die internen Kunden liegt u.a. dann in definierten Schnittstellen, Zuständigkeitszuordnungen, Best Practices zur Aufgabenerledigung und unterstützt damit die Kernprozesse des Unternehmens - die Entwicklung, Fertigung und den Vertrieb von *Branche*.

---

[56] Ringbauer (2017), S. 76.

6 Fazit

Im Rahmen des Fazits soll dem Leser ein Ausblick hinsichtlich weiterer möglicher Maßnahmen zur Umsetzung von Agilität im IT-Teilgeschäftsprozess der Softwareverteilung gegeben werden. In dieser Arbeit wurden die agilen Methoden Scrum und Kanban theoretisch betrachtet und deren Nutzen für *Firmenname* überblicksartig skizziert.

Gegen eine Einführung der Scrum Methode bei *Firmenname* könnte sprechen, wie in Kapitel 5.2.1 beschrieben, dass die vorhandene Anzahl an Kollegen, die sich im Unternehmen mit der Administration der Softwareverwaltung beschäftigen, nicht ausreichend sein könnte. Mit dem derzeitigen Personalbestand im Team der Softwareverteilung ist es fraglich, ob eine vollständige Zuweisung aller Scrum Rollen sichergestellt werden kann. Für eine Implementierung der Scrum Methode sprechen die darin enthaltenen zwei Arten einer Rückwirkenden Betrachtung. Dies kann einen Vorteil in der Form darstellen, dass das Unternehmen aus den Erkenntnissen dieser Betrachtungen Einfluss auf die zum Ende des Sprints neu zu bestimmende Menge der Softwarepakete nehmen kann.

Im Gegensatz dazu kann die Kanban Methode im Prozess der Softwareverteilung durch Individualität und Flexibilität punkten. Einen Nutzen könnte in der Visualisierung der aktuellen Work in Progress liegen. Der aktuelle Status eines Aufgabenpakets kann am Kanban-Board abgelesen werden. Vorgesetzte haben eine schnelle und bildliche Übersicht zum aktuellen Bearbeitungsstand der Aufgaben, was ihnen helfen kann, ihre Ressourcen zielgerichtet einzusetzen. Durch den Gebrauch der Work in Progress-Begrenzung ist es potenziell möglich, die Softwarepakete den Anfordernden schneller bereitzustellen. Ferner können kritische Sicherheitsupdates schneller auf den Endgeräten installiert werden, wodurch das Risiko an IT Sicherheitsvorfällen verringert werden würde.

Es wird empfohlen, eine praktische Erprobung der Methoden Scrum und Kanban im Rahmen eines Projekts in *Firmenname* durchzuführen. Das Ziel eines möglichen Folgeprojekts sollte es sein, herauszustellen, welche

Merkmale der beiden vorgestellten Methoden den größten Nutzen für das Unternehmen bringen. Die Ergebnisse und die erlangten Erkenntnisse einer Erprobung könnten dann in den IT-Teilgeschäftsprozess einfließen, wodurch sich langfristig der Wertschöpfungsprozess des Unternehmens positiv verändern sollte.

7 Quellenverzeichnis

Anderson, D. J. (2011)

Kanban – Evolutionäres Change Management für IT-Organisationen,
1. Aufl., Heidelberg.

Broscheit, A. (2007)

Das Managementkonzept KAIZEN bei Toyota – Übertragung des
Konzepts auf europäische Unternehmen, 1. Aufl., Hagen.

Cunningham, W. (2001)

Manifest für Agile Softwareentwicklung,
http://agilemanifesto.org/iso/de/manifesto.html, Stand 11.08.2017.

Dräther, R./Koschek. H./Sahling, C. (2013)

Scrum kurz & gut, 1. Aufl., Köln.

Ebel, N. (2011)

PRINCE2:2009 – für Projektmanagement mit Methode,
o. Aufl., München.

Endres, A./Martiensen, J. (2007)

Mikroökonomik – Eine integrierte Darstellung traditioneller und moderner
Konzepte in Theorie und Praxis, 1. Aufl., Stuttgart.

Engstler, M. (2009)

Organisatorische Implementierung von Informationssystemen an
Bankarbeitsplätzen, 1. Aufl., Wiesbaden.

Epping, T. (2011)

Kanban für die Softwareentwicklung, 1. Aufl., Heidelberg.

Feyhl, A. (2004)

Management und Controlling von Softwareprojekten, 2. Aufl.,
Wiesbaden.

Garcia Sanz, F. J./Semmler, K./Walther, J. (2007)

Automobilindustrie auf dem Weg zur globalen Netzwerkkompetenz - Effiziente und flexible Supply Chains erfolgreich gestalten, 1. Aufl., Heidelberg.

Heuermann, R. (2014)

Strategisches IT-Management – In Privatwirtschaft und Verwaltung, 1. Aufl., Berlin.

Hofert, S. (2016)

Agiler führen – Einfache Maßnahmen für bessere Teamarbeit, mehr Leistung und höhere Kreativität, 1. Aufl., Wiesbaden.

Ingendahl, N./Tigelaar, M. (2000)

IT Service Management – Eine Einführung in ITIL, 1. Aufl., Aachen.

Kammerer, S./Lan, M./Amberg, M. (2012)

IT-Projektmanagement Methoden, 1. Aufl., Düsseldorf.

Klevers, T. (2009)

Kanban – Mit System zur optimalen Lieferkette, 1. Aufl., München.

Komus, A. (2013)

Agile Methoden in der Praxis – Studie zur Anwendung
und Zufriedenheit; in: Gluchowski, P./Reinheimer, S. (Hrsg.),
Praxis der Wirtschaftsinformatik - Agilität in der IT, Heft 290, Nürnberg.

Leopold, K./Kaltenecker, S. (2013)

Kanban in der IT – Eine Kultur der kontinuierlichen Verbesserung schaffen, 2. Aufl., München.

Mauterer, H. (2002)

Der Nutzen von ERP-Systemen – Eine Analyse am Beispiel von SAP R/3,

1. Aufl., Wiesbaden.

msXfaq (o. J.)

Client Management

https://www.msxfaq.de/windows/endpointsecurity/clientmanagement.htm, Stand 11.08.2017.

Pichler, R. (2008)

Scrum – Agiles Projektmanagement erfolgreich einsetzen, 1. Aufl., Heidelberg.

Preußig, J. (2015)

Agiles Projektmanagement, 1. Aufl., Freiburg.

Ringbauer, A. (2017)

Qualitätsmanagement versus Agilität in IT-Unternehmen, o. Aufl., Wiesbaden.

Scheller, T. (2017)

Auf dem Weg zur agilen Organisation, 1. Aufl., München.

Schulze, U. (2009)

Informationstechnologieeinsatz im Supply Chain Management – Eine konzeptionelle und empirische Untersuchung zu Nutzenwirkungen und Nutzenmessung, 1. Aufl., Wiesbaden.

Schwaber, K./Sutherland, J. (2013)

Der Scrum Guide, o. Aufl., o. O.

Springer Professional (2013)

    Was bringt die IT an Wertschöpfung?,

    www.springerprofessional.de/controlling/it-controlling/was-bringt-die-it-
an-wertschoepfung, Stand 01.08.2017.

Urban, T./Carjell, A. (2016)

    Multimedia Marketing, ohne Aufl., Konstanz München.

Von Brauk, S. (2013)

    Zurückeroberung der Zukunft – Chancen agiler IT; in: Gluchowski,
P./Reinheimer, S. (Hrsg.), Praxis der Wirtschaftsinformatik - Agilität in der
IT, Heft 290, Nürnberg.

Zäpfel, G. (2001)

    Grundzüge des Produktions- und Logistikmanagements, 2. Aufl.,
München.

Zugelder, J. (2016)

    Modernes Projektmanagement, 2. Aufl., Nordstedt.

V   Anhangsverzeichnis

Anhang 1   Struktur der IT-Abteilung der *Firmenname*

Abbildung 1: Struktur der IT-Abteilung der *Firmenname*[57]

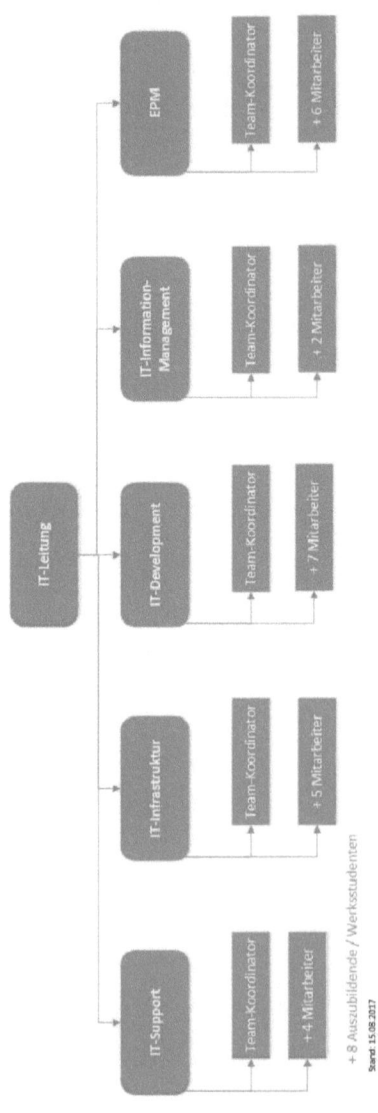

---

[57] Eigene Darstellung in Anlehnung an das interne Organigramm *Firmenname*.

Anhang 2   Darstellung *Firmenname* IT-Infrastruktur

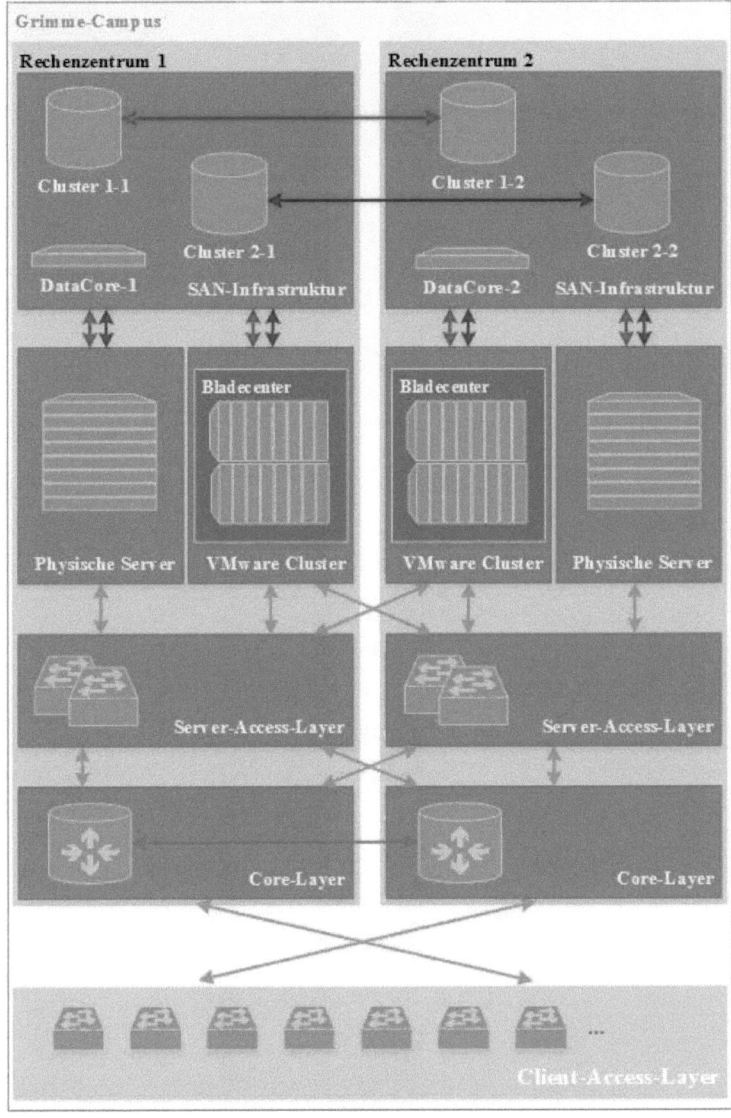

Abbildung 2: *Firmenname* IT-Infrastruktur[58]

---

[58] Eigene Darstellung in Anlehnung an die interne IT-Architektur der *Firmenname*.

Anhang 3   Softwarepaketierungsprozess

Abbildung 4: Softwarepaketierungsprozess[59]

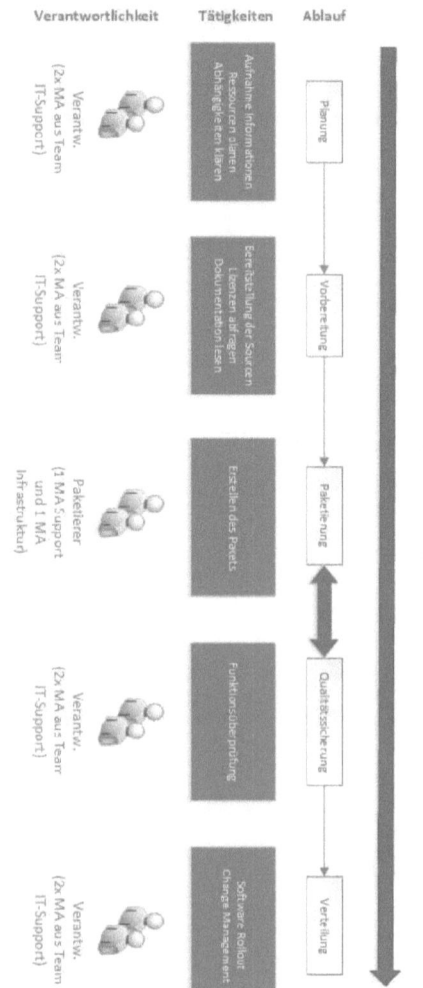

---

[59] Eigene Darstellung in Anlehnung an interne Prozessbeschreibung der *Firmenname*.

BEI GRIN MACHT SICH IHR WISSEN BEZAHLT

- Wir veröffentlichen Ihre Hausarbeit,
  Bachelor- und Masterarbeit

- Ihr eigenes eBook und Buch -
  weltweit in allen wichtigen Shops

- Verdienen Sie an jedem Verkauf

Jetzt bei www.GRIN.com hochladen und kostenlos publizieren